JEUX DE MOTS À LA CON

Lech Kimo

© Éditions First, un département d'Édi8, 2016

Le Code de la propriété intellectuelle interdit les copies ou reproductions destinées à une utilisation collective. Toute représentation ou reproduction intégrale ou partielle faite par quelque procédé que ce soit, sans le consentement de l'auteur ou de ses ayants cause, est illicite et constitue une contrefaçon sanctionnée par les articles L. 335-2 et suivants du Code de la propriété intellectuelle.

ISBN: 978-2-7540-8471-0
Dépôt légal: avril 2016
Imprimé en Italie

Éditions First, un département d'Édi8
12, avenue d'Italie
75 013 Paris – France
Tél.: 01 44 16 09 00
Fax: 01 44 16 09 01
E-mail: firstinfo@efirst.com

Site internet: www.editionsfirst.fr

JEUX DE MOTS À LA CON - 3

Comment
appelle-t-on un type
qui drague toutes
les personnes
qu'il prend en stop ?

Un auto-entrepreneur.

4 – JEUX DE MOTS À LA CON

Comment dit-on
de manière élégante,
en Égypte, que l'on
s'absente pour aller
aux toilettes ?

Néfertiti.

JEUX DE MOTS À LA CON - 5

Tu connais Néfercaca ?

C'est le frère de
Néfertiti.

6 – JEUX DE MOTS À LA CON

Expression typique
de Bethléem :
« Il n'y a vraiment
pas de quoi en faire
un roi mage. »

JEUX DE MOTS À LA CON - 7

Au Pérou,
on ne dit pas :
« C'est idiot d'aimer
la tourte »,
mais on dit :
« C'est con quiche
jt'adore ».

8 – JEUX DE MOTS À LA CON

Comment la fille
du président russe
demande-t-elle
à son père d'aller
faire la vaisselle
le soir ?

V'la du Mir Poutine.

JEUX DE MOTS À LA CON – 9

Connaissez-vous
la méchante fée
responsable
des délocalisations
industrielles
en France ?

C'est la fée Mélusine.

10 – JEUX DE MOTS À LA CON

Pourquoi Ronsard
s'est-il acheté
un aspirateur ?

Parce qu'il en avait
assez Du Bellay.

JEUX DE MOTS À LA CON - 11

Que fais-tu lorsque
tu grattes le dos d'un
habitant d'Helsinki
en vacances dans
la région de Grenoble ?

Tu grattes
un dos finnois.

12 – JEUX DE MOTS À LA CON

Que disait Beethoven
quand il se faisait
chahuter en cours
de récréation ?

« Si j'en Chopin,
ça va saigner ! »

JEUX DE MOTS À LA CON - 13

Comment appelle-t-on
une boucherie
dans la cordillère
des Andes ?

Un temple à steaks.

14 – JEUX DE MOTS À LA CON

Pourquoi les traders
à Hong Kong
marchent-ils toujours
le dos courbé ?

Parce qu'ils travaillent
dans les bourses
à sciatiques.

JEUX DE MOTS À LA CON - 15

Que se disent
deux imams
qui s'entendent
super bien ?

« Je crois que le coran
passe vraiment bien
entre nous. »

16 – JEUX DE MOTS À LA CON

Tu sais où Klaus a rencontré Ken ?

Dans un bar bi.

Au Bengale occidental,
on ne dit pas :
« Oh ! tu as vraiment
de la chance »,
mais on dit :
« Calcutta ».

18 – JEUX DE MOTS À LA CON

Pourquoi les gens
des Émirats
s'achètent-ils beaucoup
de vêtements
en ce moment ?

Parce qu'ils sont
Abu Dhabi.

Au Vietnam,
on ne dit pas :
« Comment
t'appelles-tu ? »,
mais on dit :
« What's your nem ? »

20 - JEUX DE MOTS À LA CON

Quand on fait du surf
au mois d'avril dans
la baie de Ninh Van
au Vietnam,
on ne dit pas :
« J'ai pris
une sacrée vague »,
mais on dit :
« Quel rouleau
de printemps !»

JEUX DE MOTS À LA CON - 21

À Ibiza, on ne dit pas :
« Bob Sinclar a assuré
la surveillance »,
mais on dit :
« David Guetta ».

22 – JEUX DE MOTS À LA CON

Francis Pascourgette,
c'est le frère de
Vanessa Paradis.

JEUX DE MOTS À LA CON - 23

Que dis-tu quand
tu es en vacances
pas très loin
de la Croatie et
que tu veux inviter
un Africain à boire
un coup ?

Tu montes, hé, Négro !

24 – JEUX DE MOTS À LA CON

Comment appelle-t-on
le fait d'aller
aux toilettes après
avoir fait une cure
de légumes cultivés
naturellement
et sans pesticides ?

Une chi-bio-thérapie.

JEUX DE MOTS À LA CON - 25

Pourquoi, dans les camps de prisonniers au Qatar, les gardiens se postent-ils toujours en hauteur ?

Parce que l'émir adore.

26 – JEUX DE MOTS À LA CON

Ce soir on mange
cambodgien,
et c'est moi qui fais
la Pol Pot !

C'est une marmotte
qui demande
à un mouflon :
« Qu'est-ce que tu lis
comme bouquetin
en ce moment ? »
Et le mouflon
de répondre :
« J'ai arrêté de lire,
il faut savoir parfois
tourner l'alpage. »

28 – JEUX DE MOTS À LA CON

Comment appelle-t-on
un homme qui,
dès qu'il voit
une femme, lui donne
son poids exact
et refuse de lui
faire l'amour ?

Un bèse-personne.

JEUX DE MOTS À LA CON - 29

Quand tu es pris
en photo devant
le plus grand
monument d'Inde,
de quoi souffres-tu ?

Taj Mahal dans le dos.

30 – JEUX DE MOTS À LA CON

Pourquoi les femmes indiennes sont-elles toujours tristes et ne volent-elles jamais ?

Parce que les femmes en sari gaulent pas.

JEUX DE MOTS À LA CON - 31

Comment appelle-t-on
une trisomique
qui se la pète
avec son ballon ?

Une mongole fière.

32 – JEUX DE MOTS À LA CON

Le beurre salé
a été inventé par
les curés : c'est
le beurre de missel.

Les Inuits ont un langage très poétique, ils utilisent toujours d'exquis mots.

34 –JEUX DE MOTS À LA CON

Où les curés
partagent-ils
le même vêtement ?

À Troyes dans l'Aube.

JEUX DE MOTS À LA CON - 35

Quel est le magasin
préféré des habitants
de Damas ?

Le Bachar
de l'Hôtel de Ville.

36 – JEUX DE MOTS À LA CON

Que lit un juif qui habite Montréal ?

La Cabale au Canada.

Chez les Apaches,
on ne dit pas :
« J'ai uriné dans
la tente », mais on dit :
« J'ai fait tipi au lit ».

38 – JEUX DE MOTS À LA CON

Pourquoi les Cubains
n'ont-ils jamais
la grippe ?

Parce qu'ils sont
fidèles à gastro.

En Afghanistan, lorsqu'un écrivain fait des fautes, on lui dit : « T'as oublié un mollah. »

40 – JEUX DE MOTS À LA CON

Pourquoi les habitants
de Budapest
ne font-ils jamais
vraiment l'amour ?

Parce que là-bas,
hongrois qu'on baise,
mais en fait
on baise pas.

JEUX DE MOTS À LA CON - 41

Qu'est-ce qu'un moine
bouddhiste, blond
aux yeux bleus,
qui ne sait rien faire
de ses dix doigts ?

Un bonze aryen.

42 – JEUX DE MOTS À LA CON

Pourquoi à Pékin
les policiers
transpirent-ils
énormément ?

Parce qu'en Chine,
le poulet Chop suey.

JEUX DE MOTS À LA CON - 43

Comment appelle-t-on
un habitant d'Inde
qui a une tête
à claques ?

Un Tamoul à tartes.

44 – JEUX DE MOTS À LA CON

Preuve que
les sous-vêtements
n'ont rien à voir
dans l'émancipation
de la femme moderne :
c'est pas parce que
tu te détestes
en string
que tu t'aimes
en slip.

Johnny Hallyday est invité à l'anniversaire de deux enfants, un de dix ans et l'autre de quatre ans. Au plus grand, il donne une liasse de 5 000 euros. Et Optic 2000.

46 – JEUX DE MOTS À LA CON

Qu'utilise-t-on
dans les hôpitaux
en Palestine pour faire
des pansements ?

De la bande de Gaza.

JEUX DE MOTS À LA CON – 47

Comment demande-t-on
à un pizzaiolo italien
s'il a des sous-
vêtements propres ?

« Hé ! Tu as changé de
calzone, ce matin ? »

48 – JEUX DE MOTS À LA CON

Pourquoi
Saint Jacques
n'a-t-il jamais
été embauché
chez Gallimard ?

Parce qu'il laissait
toujours passer
des coquilles,
Saint Jacques.

Quand on peut le faire,
il faut toujours donner
un coup de main
à un homosexuel dans
le besoin car,
quand on est homo,
on n'est jamais
trop aidé.

50 – JEUX DE MOTS À LA CON

Quel est le jeu préféré
des enfants indiens
à la récréation ?

Ils jouent toujours
à chakra perché.

JEUX DE MOTS À LA CON - 51

Quand on attend
Freud, on ne dit pas :
« Il arrive vers
quelle heure ? »,
mais on dit :
« Il sera Lacan ? »

52 – JEUX DE MOTS À LA CON

Tu savais que
Jean Anouilh
était dans la police ?

Il faisait partie de
la brigade Antigone.

JEUX DE MOTS À LA CON - 53

Comment appelle-t-on
une clémentine
qui travaille ?

Une clémentine
salariée.

54 – JEUX DE MOTS À LA CON

Dans le milieu de
la mode masculine,
on ne dit pas :
« L'auteur des
Misérables travaille »,
mais on dit :
« Hugo bosse ».

Dans les milieux
littéraires,
on ne dit pas :
« J'aurais aimé
être Mallarmé »,
mais on dit :
« Je refuse de tirer
sur mon prochain ».

56 – JEUX DE MOTS À LA CON

On ne dit pas :
« C'est un fervent
partisan d'un parti
islamiste »,
mais on dit :
« Il est complètement
à l'Hamas ».

JEUX DE MOTS À LA CON – 57

J'ai décidé d'aller
acheter une tondeuse
à Gaza afin de tondre
Naplouse.

58 – JEUX DE MOTS À LA CON

Chez Walt Disney,
on ne dit pas :
« C'est trop long
d'attendre Mickey »,
mais on dit :
« Le Pluto
sera le mieux ».

JEUX DE MOTS À LA CON - 59

Que crient
les chanteurs de raï
quand ils se noient ?

« Khaled ! »

60 – JEUX DE MOTS À LA CON

Pourquoi les sumos
sont-ils épanouis
sexuellement ?

Parce que chez eux
obèse tous les jours.

JEUX DE MOTS À LA CON - 61

Quand un chanteur
de raï va voir
sa grand-mère, on dit
qu'il va Cheb Mami.

62 – JEUX DE MOTS À LA CON

Le Vatican vient
de créer une nouvelle
marque de vélos dont
le logo est une fleur :
les cycles amen.

Pourquoi
les homosexuels
adorent-ils
le camping ?

Parce qu'ils adorent
planter une tante.

64 – JEUX DE MOTS À LA CON

Quelles sont
les deux options qu'on
propose à un éditeur
lorsqu'il va chez
un concessionnaire
pour acheter
une nouvelle voiture ?

Clim et châtiment.

C'est dingue toutes ces vieilles cités khmères qu'il peut y avoir au Cambodge, ça n'arrête pas. Quand y en a plus, y en a Angkor.

66 – JEUX DE MOTS À LA CON

Comment appelle-t-on
un émir qui part faire
des courses à Dubaï
et revient sans rien ?

Un cheikh
sans provisions.

Comment met-on
la table dans l'Ouest
canadien ?

On met assiettes
à Vancouver.

68 – JEUX DE MOTS À LA CON

Que dit-on d'un homosexuel rennais qui est méchant ?

Ille-et-Vilaine.

JEUX DE MOTS À LA CON - 69

Comment appelle-t-on
un précolombien
qu'il faut sauver
à tout prix ?

Inca de force majeure.

70 – JEUX DE MOTS À LA CON

Pourquoi tu ne peux pas amener ton chien dans le stade quand l'équipe de France de rugby joue ?

Parce qu'il risque de rapporter Chabal.

JEUX DE MOTS À LA CON - 71

Chez Air France, ils
ont décidé de licencier
les hôtesses de l'air
en plein vol :
ils vont leur donner
des parachutes dorés.

72 - JEUX DE MOTS À LA CON

On ne dit pas :
« la baleine à boss »,
mais on dit :
« le gros cétacé
du patron ».

JEUX DE MOTS À LA CON – 73

Comment appelle-t-on
un habitant de Brest
exilé à Doha ?

Un Qatar breton.

74 – JEUX DE MOTS À LA CON

À Tel-Aviv,
on ne dit pas :
« Moustafa déteste
Mohamed »,
mais on dit :
« David hait Jonathan ».

JEUX DE MOTS À LA CON – 75

Comment décèle-t-on
à coup sûr un cas
de grippe porcine
chez l'homme ?

Il commence à avoir
la queue
en tire-bouchon.

76 – JEUX DE MOTS À LA CON

Tu connais le frère
de Langouste
Tam Tam ?

C'est Omar Bongo.

Pourquoi les nazis
ne vont-ils jamais
en vacances
dans les grands parcs
américains ?

Parce qu'ils sont
profondément
anti Yosemite.

78 – JEUX DE MOTS À LA CON

Les gynécologues de
la région de Toulouse
vont souvent
faire du ski
dans les périnées.

Comment appelle-t-on
la femme d'un migrant
qui a mal à la tête ?

Une migraine.

80 – JEUX DE MOTS À LA CON

Que dit-on des gens
qui roulent dans
un très gros 4 × 4,
et qui sont
très en colère ?

Ils sont de mauvaise
Hummer.

JEUX DE MOTS À LA CON - 81

Pourquoi les vaches
maghrébines
ne font-elles
jamais caca
deux fois de suite ?

Parce qu'avec
ce genre de vaches,
jamais deux bouses.

82 – JEUX DE MOTS À LA CON

Tu connais Osaka
Camping ?

C'est un groupe
un peu comme
Tokyo Hôtel
mais en moins bien.

Comment vérifie-t-on
si un calamar
est toujours en vie ?

On lui prend
son poulpe.

84 – JEUX DE MOTS À LA CON

Pourquoi les curés
qui ont des chiens
leur lancent
des crucifix pour
les faire jouer ?

Parce que ça sert d'os.

Qu'a dit Jésus la veille
de sa crucifixion ?

« Demain,
on sera fixé. »

86 – JEUX DE MOTS À LA CON

Tu connais cette
expression égyptienne
très en vogue à
l'époque
de Toutankhamon :
« bandé comme
une momie » ?

JEUX DE MOTS À LA CON – 87

Comment appelle-t-on
des centaines
de petits disques
dans un terrain vague
où il y a
des caravanes ?

CD-ROM.

88 – JEUX DE MOTS À LA CON

Tu connais
le jeu de société
préféré des homos ?

Le trou de balle
poursuite.

JEUX DE MOTS À LA CON - 89

Pourquoi, dans
l'édition, les employés
s'agenouillent à
des heures précises ?

Parce que,
dans ce métier,
tu ne discutes pas,
tu te best-seller.

90 – JEUX DE MOTS À LA CON

Qu'est-ce
qu'un braille manga ?

C'est le contraire
d'une bègue BD !

Comment demande-t-on
à un fabricant
de photocopieur
si sa femme pratique
la sodomie ?

Elle est bien
recto-verso ?

92 – JEUX DE MOTS À LA CON

Pourquoi certains habitants d'Afrique australe répondent toujours : « Non » ?

Parce qu'ils vivent au Malawi.

Qu'est-ce qu'un Précolombien atteint d'un cancer généralisé ?

Inca désespéré.

94 – JEUX DE MOTS À LA CON

Comme on dit
à Tokyo : « Avant
d'être grand cheval,
sois déjà poney ».

Si on t'appelle
de Jordanie sur
ton mobile, il y a de
grandes chances
pour que ce soit
en numéro mosquée.

96 – JEUX DE MOTS À LA CON

Quand une femme dit
à un homme qu'il est
très bien monté
et qu'il ne la croit pas,
que fait-il ?

Il fait un déni
de gros sexe.

Pourquoi les juments
très bien élevées
ne seront jamais
de petits chevaux ?

Parce qu'elles sont
trop polies
pour être ponettes.

98 – JEUX DE MOTS À LA CON

Comment un zèbre
utilise-t-il son
ordinateur portable ?

Il le pose
sur ses gnous.

Que se disent
les imams lorsqu'ils
se saluent
dans une mosquée ?

« Comment
ça fatwa ? »

100 – JEUX DE MOTS À LA CON

Pourquoi faut-il manger beaucoup de talibans l'hiver ?

Parce que c'est plein d'antioxydants.

JEUX DE MOTS À LA CON - 101

Quand un chien touche
un gros héritage,
quelle est la première
chose qu'il fait ?

Il s'achète
une niche fiscale.

102 - JEUX DE MOTS À LA CON

Pour que ça se passe très bien la prochaine fois que tu fais l'amour avec ton partenaire, il faut lui demander de ne pas se laver avant pendant quinze jours. Pourquoi ?

Parce que là où il y a de l'hygiène, il n'y a pas de plaisir.

JEUX DE MOTS À LA CON – 103

Comment appelle-t-on
un asiatique
avec des écouteurs ?

Un nemp3.

104 – JEUX DE MOTS À LA CON

Pourquoi tu ne peux
pas annoncer
à un musulman qui
s'appelle Abdel
la disparition de
sa femme ?

Parce que tu ne peux
pas lui dire : « Elle est
morte, Abdel. »
C'est interdit,
c'est du porc.

Quand tu joues au foot
contre les Espagnols,
il faut faire très
attention : ils risquent
à tout moment
d'intercepter tapas.

106 – JEUX DE MOTS À LA CON

Tu savais que l'un des Beatles adorait les religieuses ?
Ce qu'il préférait, John ? Les nonnes !

JEUX DE MOTS À LA CON - 107

Ce soir, je suis invité
à dîner au resto
à Kaboul mais
je sais pas
à quelle heure
les moudjahidine.

108 – JEUX DE MOTS À LA CON

Tu connais le vin blanc préféré des homos ?

C'est l'entre-deux-merdes.

Tu savais qu'à l'époque préhistorique il y avait déjà des Indiens ? Récemment, en faisant des fouilles, des archéologues ont retrouvé les crottes de la squaw.

110 – JEUX DE MOTS À LA CON

Que dit le fils
d'une mère à forte
poitrine qui lui donne
un bon conseil ?

Elle a implant
mammaire.

Avec quoi les Beatles
aimaient jouer
à la récréation quand
ils étaient petits ?

Les 'tites billes,
les 'tites billes,
les 'tites billes,
les 'tites billes…

112 – JEUX DE MOTS À LA CON

Quand tu t'endors
au pied d'un éclairage
public dans une rue
de Casablanca,
tu risques de faire
un rêve berbère.

Quand un communiste
enlève sa casquette,
il se fait applaudir
à chaque fois.
Ça veut dire quoi ?

Ça veut dire qu'il a
le front populaire.

Au Groënland,
on ne dit pas :
« sept hommes
de petite taille
incroyables »,
mais on dit :
« sept Inuits ».

JEUX DE MOTS À LA CON - 115

Que dit-on
d'une femme qui
se trouve parfaite en
toutes circonstances
et qui vit avec
un Africain qui
en a dans le pantalon ?

On dit qu'elle a un
négro surdimensionné.

116 – JEUX DE MOTS À LA CON

Comment appelle-t-on
des habitants
de Belgrade installés
sur la Côte d'Azur ?

Ce sont des Serbes
de Provence.

Pourquoi, lorsque
tu pars en vacances
dans l'extrême sud
de l'Italie, tu dois faire
très attention à
tes parties génitales ?

Parce que tu risques
d'avoir très mal
aux Pouilles.

118 – JEUX DE MOTS À LA CON

Quels sont
les rongeurs que l'on
trouve en plus grand
nombre dans les lieux
de prière islamiques ?

Ce sont les rats
mosquées.

Quel est le petit mammifère proche du singe à qui on ne peut jamais offrir quelque chose pour lui faire plaisir ?

C'est le lémurien, parce qu'il lémurien du tout.

120 – JEUX DE MOTS À LA CON

Quel est le seul pays
du Moyen-Orient où
on peut manger
des abats lorsqu'on
se couche ?

C'est la Libye
parce que, là-bas,
on mange
des tripes au lit.

Pourquoi, dans
les tribunaux libyens,
les prévenus
ne sont-ils jamais
condamnés ?

Parce qu'ils ont
toujours l'alibi.

122 – JEUX DE MOTS À LA CON

Pourquoi les homosexuels n'utilisent-ils que les raccourcis clavier dans leurs logiciels informatiques ?

Parce que les souris ont horreur des tapettes.

Quand tu es employé
au SMIC et que
tu travailles dans
la capitale
de l'Azerbaïdjan,
on dit que tu travailles
à Bakou.

124 – JEUX DE MOTS À LA CON

Aux États-Unis,
dans une maison
de retraite pour
anciens chanteurs, on
a élu les dix vieillards
les plus séniles :
c'est les dix gagas.

Que fait
un Précolombien
qui prend l'avion ?

Inca décolle.

126 – JEUX DE MOTS À LA CON

Tu savais que j'avais
fait toute ma scolarité
à Ouarzazate ?
Et j'ai toujours mis
un point d'honneur à
être premier de l'Atlas.

Dans quel pays
du Moyen-Orient
les enfants sont-ils
les mieux élevés ?

C'est en Libye car,
là-bas, ils sont toujours
Tripoli.

128 – JEUX DE MOTS À LA CON

Au Brésil,
on ne dit pas :
« Ta grand-mère
travaille dans
une usine de yaourt »,
mais on dit :
« Ta mamie,
elle bossa nova ».

JEUX DE MOTS À LA CON - 129

Pourquoi lorsque
tu dînes avec
un mathématicien
spécialiste en algèbre,
il refuse
de régler l'addition ?

Parce que
le logarithme népérien.

130 - JEUX DE MOTS À LA CON

Sur TF1, on ne dit pas :
« T'es moche en vrai »,
mais on dit :
« T'es laid réalité ».

JEUX DE MOTS À LA CON - 131

Que dois-tu faire si
tu veux manger
des chaussures ?

Tu dois faire cuire
tes Pataugas.

132 – JEUX DE MOTS À LA CON

En ce moment,
les services secrets
israéliens sont plutôt
d'humeur Mossad.

Qu'est-ce qu'une homosexuelle bretonne qui prend un bain de vapeur dans un spa ?

Une gouine hammam.

134 – JEUX DE MOTS À LA CON

Qu'est-ce qu'un chinois qui n'a pas de rides et qui aime la crème fraîche 0 % ?

Un Bridélice.

Comment ordonne-t-on
à un Sud-Américain de
ne pas quitter la table,
à Palerme ?

On lui dit :
« Reste assis Chilien. »

136 – JEUX DE MOTS À LA CON

Tu sais pourquoi
tu ne trouveras pas
de boulot aux Éditions
du Chêne.

Parce qu'ils n'aiment
pas les glands.

On ne dit pas :
« Tu ne t'approches
pas des bouteilles
de vin », mais on dit :
« Tu te pousses
des pinards ».

138 – JEUX DE MOTS À LA CON

Que dit-on
des musulmans qui
pratiquent la religion
une semaine
sur deux ?

On dit qu'ils font
du Coran alternatif.

JEUX DE MOTS À LA CON - 139

Tu savais que le Dieu des musulmans utilise le système métrique anglais ?

Oui, il compte en inches, Allah.

140 –JEUX DE MOTS À LA CON

Comment dit-on
« Chérie, j'ai envie de
toi » chez les sumos ?

« Quand est-ce
qu'obèse ? »

Pourquoi
les Maghrébins
labourent-ils toujours
en marche arrière ?

C'est parce qu'ils ont
toujours tendance
à mettre la charrue
avant les rebeux.

142 – JEUX DE MOTS À LA CON

Quand je me regarde
dans la glace,
j'ai l'impression d'avoir
de plus en plus
une tête de calendrier :
elles me font un drôle
d'effet, mes rides !

Tant qu'à être
en vacances dans
le Périgord, tu préfères
danser un twist
à Bergerac
ou un Rocamadour ?

144 – JEUX DE MOTS À LA CON

Comment dit-on
en anglais
« dix Israéliens
taciturnes » ?

Ten hébreux.

Comment appelle-
t-on une prothèse
mammaire
défectueuse
qu'il faut enlever
de toute urgence ?

Implant foireux.

146 – JEUX DE MOTS À LA CON

Tu sais que les apôtres étaient très dissipés et que Jésus avait du mal à faire régner l'ordre ? Chaque fois qu'ils se réunissaient, ils n'arrêtaient pas de faire l'épître.

Sais-tu ce que
les hommes égoïstes
prennent comme
marque lorsqu'ils
achètent une voiture
allemande ?

Une Mercedes,
parce qu'il vaut mieux
avoir une Mercedes
tout seul,
qu'une Audi A3 ou A6.

148 – JEUX DE MOTS À LA CON

Comment appelle-t-on
une colonie
de vacances
fréquentée par
des trous-du-cul ?

Une colo rectale.

Tu savais que
les Russes faisaient
du foie gras ?

Oui, le foie gras
du Père Igor.

150 – JEUX DE MOTS À LA CON

On ne dit pas à
la célèbre chanteuse
américaine d'origine
portoricaine :
« Ces bouteilles d'eau
sont très lourdes »,
mais on dit :
« Jennifer Lopez ».

JEUX DE MOTS À LA CON - 151

Si tu vas en vacances à
Zagreb,
je ne te conseille pas
de boire une 1664
au bar.

Prends plutôt
une Kro assis.

152 – JEUX DE MOTS À LA CON

Où les musulmans
pratiquants
achètent-ils
leurs baskets ?

Halal aux chaussures.

Je pense qu'il
est préférable
d'économiser sur
le beaufort, plutôt que
dépenser sans comté.

154 –JEUX DE MOTS À LA CON

Pourquoi
les déménageurs
ne pètent-ils jamais ?

Parce que quand
tu déménages, tu n'as
pas intérêt à lâcher
une caisse.

Depuis quand
s'embrasse-t-on
sur la bouche
dans l'édition ?

Depuis la loi Lang.

156 – JEUX DE MOTS À LA CON

Qu'est-ce qu'une télétélécommande ?

C'est un petit boîtier électronique inventé par le président Poutine qui permet à tous les Russes de changer de Tchétchène.

JEUX DE MOTS À LA CON - 157

Quel est le mammifère
marin le plus
angoissant ?

C'est le dauphin,
parce qu'il fait flipper,
le dauphin !

158 – JEUX DE MOTS À LA CON

Que fait un typographe
qui regarde la vitrine
d'un magasin
qui vend des polices
de caractères ?

Il fait du lèche-lettrine.

JEUX DE MOTS À LA CON - 159

Il existe des guides
de voyage pour
les veaux qui ont
arrêté de téter
leur mère.

Le guide du broutard.

160 – JEUX DE MOTS À LA CON

Quand on est
en vacances dans
le Sud Liban, comment
demande-t-on
s'il y a quelque chose
de chouette à visiter ?

« Est-ce beau là ? »